trillos /

precipicios /

concurrencias

pathways/

precipices /

spectators

Alfredo Zaldívar

Traducción al inglés de Margaret Randall
English Translation by Margaret Randall

ISBN 978-0-9908047-8-9

Printed in the United States of America
Image Ratio - Santa Fe, New Mexico

RED MOUNTAIN PRESS

Santa Fe, New Mexico

www.redmountainpress.us

AGRADECIMIENTOS

Ganador del premio extraordinario de poesía bicentenario José Jacinto Milanés, 2014, y publicado en español bajo el título de *Trillos / precipicios / concurrencias*, Ediciones Matanzas, 2015. "Ella / Her", "Ojos / Eyes", y "El perro de Goya" / The Dog, by Goya" aparecieron por primera vez en español e inglés en Malpais Review, Vol. 6, Num. 2, otoño 2015.

ACKNOWLEDGMENTS

Winner of the José Jacinto Milanés Bicentenary Extraordinary Poetry Prize, 2014, and first published in Spanish as *Trillos / precipicios / concurrencias*, Ediciones Matanzas, 2015. "Ella / Her", "Ojos / Eyes", and "El perro / de Goya / The Dog, by Goya" first appeared, in both Spanish and English, in Malpais Review Vol. 6, No. 2, Autumn 2015.

No deje el camino por
coger la vereda

Refran popular

Don't abandon the road
to take the trail

Popular Saying

Conozca a Alfredo Zaldívar: poeta, icono cultural, editor, pero sobre todo poeta. Nacido en la pequeña comunidad de Sojo Tres, en la oriental provincia cubana de Holguín, se trasladó a Matanzas sin haber cumplido los veinte años. Esta última ciudad ocupa un lugar especial dentro de la tradición literaria del país. Eran días turbulentos y excitantes: la revolución de Fidel Castro no había triunfado cuando nació el poeta y no arribaba a las dos décadas cuando este se hizo mayor.

Creadores de todos los campos se empeñaban en dar forma a su nuevo lenguaje y en explorar sus posibilidades. Lo primero que quiero decir acerca de Zaldívar es, entonces, que pertenece a una generación de poetas cubanos que maduraron en medio de ese dramático cambio social.

El poeta conocería la generosidad y el prejuicio. Se forjó en una fuerte comunidad artística y se negó a rendirse ante las continuas amenazas de la censura. Nutriéndose de las profundas tradiciones filosóficas y artísticas de su país, ha cultivado una voz única, colmada de pasajes inesperados y sorpresas, en la que el ritmo de los tambores de la conga llega a irrigar la mitología griega con la identidad caribeña o un estallido de homoerotismo pide espacio. De su rol como fundador de Vigía —colectivo que realiza libros manufacturados y que durante más de treinta años ha publicado más de 500 títulos, los cuales son codiciados por coleccionistas de todo el mundo— a su puesto actual al frente de Ediciones Matanzas —una editorial comercial de igual mérito— ha expandido sus talentos para abrazar la labor de otros, a la par que continúa atendiendo la propia.

Pero es la voz de Zaldívar lo que aquí nos concierne. En estos poemas acompañamos al hombre tanto en ciudades lejanas como en la historia de su propia isla. Sus versos han sido fraguados en estratos de observación, de escucha, de sentimientos. Impetuosas oleadas de aliento son presentadas con preciso control, de tal forma que esos pasajes y acantilados raramente conducen a donde espera el lector.

Meet Alfredo Zaldívar: poet, cultural icon, editor, but most importantly poet. Born in the small community of Sojo Tres, in Cuba's eastern province of Holguín in 1956, he moved to Matanzas before he was twenty. The latter city occupies a special place in the country's literary traditions. Those were turbulent and exciting years: Fidel Castro's revolution hadn't been victorious when the poet was born and wasn't yet two decades old when he came of age.

Creative people in all fields were engaged in shaping its new language and exploring its possibilities. The first thing I want to say about Zaldívar, then, is that he is of the generation of Cuban poets who came to maturity in the midst of that dramatic social change. His life and work have risen to the challenge.

The poet would know largesse and prejudice. He has been nurtured by a strong artistic community and refused to give in to periodic threats of censorship. Drawing on his country's deep philosophical and artistic traditions, he has cultivated a unique voice, full of unexpected pathways and sudden surprises, where the rhythms of conga drums may infuse Greek mythology with a Caribbean identity or a burst of homoeroticism claim the page. From his role as founder of Vigía—the handmade book collective which over thirty years has produced more than 500 titles and whose books are coveted by collectors throughout the world—to his current position at the head of Ediciones Matanzas—a commercial publishing house of equal merit—he has stretched his considerable talents to embrace the work of others while continuing to attend to his own.

But it is Zaldívar's own voice that concerns us here. In these poems we accompany the man to distant cities and into his own island history. His lines are crafted in layers of looking, listening, feeling. Wild surges of breath are reigned in with just the right degree of control, so that these pathways and precipices rarely lead where the reader expects.

Atento siempre a los inminentes peligros que el poeta afronta, escribe: "Sé que no soy el mejor escribiente. / Tan solo un escribiente que teme convertirse / en su peor borrón". Y una vez más: "Quien me quiera / que empiece por nombrarme / por decir la palabra / por buscarla / construirla / fundirla / conquistarla / ser / él mismo la palabra / y siéndolo / olvidarla / y convertirse en ella / sin saberlo /olvidar que la halló / que fue conquistador / y conquistado".

En estos poemas Zaldívar medita sobre el perro de Goya y describe la surreal visita del amigo que llega de Moscú. En uno de ellos habla de Fernando Pesoa, el poeta portugués de múltiples voces, así como de su propio obstinado abuelo. Nos conduce por la tradición tabacalera de su país. Conversa con algunos de los grandes poetas cubanos, vivos o fallecidos. Cuando escribe: "Hoy por ti. / ¿Y mañana? / Mañana por mí. / ¿Y hoy?", nos está pidiendo que leamos esos versos como un poema de amor en un mundo complejo.

En un momento en que la reanudación de las relaciones entre los Estados Unidos y Cuba ha provocado gran interés en la isla, una visita presidencial, partidos de béisbol y cruceros atracados en la bahía de La Habana proporcionan a los grandes medios cuadros de una cultura a la que hemos estado ajenos por mucho tiempo. Quizás trillos / precipicios / concurrencias abra una una ventana a una realidad más auténtica, observada a través de la sensibilidad de uno de los poetas más emotivos de su país.

Margaret Randall, Albuquerque,

primavera de 2016.

Traducción al español de

Edelmis Anoceto Vega

Always mindful of the imminent danger the poet confronts, he writes: "I know I am not the best scribe, / only the scribe who fears / becoming his worst erasure." And again: "He who loves me / must begin by naming me / by saying the word / searching for it / creating it / conquering it / becoming / himself the word / and being it / forget it / and without knowing / become it / forget that he found it / that he was conqueror / and conquered".

In these poems, Zaldívar ponders Goya's Dog and describes the surreal visit of a friend arriving from Moscow. In one of them he speaks to Fernando Pessoa, the Portuguese poet of multiple voices, and to his own obstinate grandfather. He takes us into his country's cigar-making tradition. He converses with some of Cuba's greatest poets, dead and alive. When he writes: "Today is yours. / And tomorrow? / Tomorrow is mine. / And today?" he is asking us to read those lines as a love poem in a complex world.

At a time when renewed relations between the United States and Cuba have sparked enormous interest in the island, a presidential visit, baseball games and cruise ships docking at the port of Havana provide for major media takes on a culture too long hidden from our view. May *Pathways / Precipices / Spectators* open a window onto a more authentic reality, as observed through the sensibility of one of the country's most exciting poets.

Margaret Randall, Albuquerque,

primavera de 2016.

PRIMER CAMINO / TRILLOS

FIRST ROAD / PATHWAYS

I

Ciento quince mil noches, amaneceres,
días.
Ciento quince mil tardes para llegar a esta
en que cada piedra bajo mi sombra
me revela el trillo en el que he estado
que escogí o me escogió.
/Qué importa.

II

La Habana era el camino.
Madrid, Viena, Chicago, Barcelona,
Estocolmo.
Las amplias autopistas de sus aeropuertos.
Todas quedaron bajo los adoquines de esta
plaza.
Bajo las flechas de granito rojo
de granito negro
de granito blanco
de granito gris
de la Calle del Medio.
/Bajo esta recurrencia/ aspiración / vereda.

III

Viajé de noche en tren de Viena hasta
Venecia
para llegar justo al amanecer,
alcanzar la primera góndola
    y sorprenderme dios besándote bajo el
    puente de los suspiros.

I
One hundred fifteen thousand nights, dawns,
days.
One hundred fifteen thousand afternoons to
get to this one where every stone beneath my
shadow reveals the path I've been on
the one I chose or that chose me.
/*What's the difference.*

II
Havana was the road.
Madrid, Vienna, Chicago, Barcelona,
Stockholm.
Their airports' broad avenues.
All are hidden beneath the cobblestones of
this
          plaza.
Beneath the arrows of red granite
black granite
white granite
the gray granite
of the Calle del Medio
/*Beneath this refrain/aspiration/trail.*

III
I took the night train from Vienna to Venice
so I would arrive precisely at dawn,
catch the first gondola
and surprise god kissing you beneath the
          Bridge of Sighs.

Entré a París y las cascadas de luz que caían
    en el Sena
encendieran mis hambres.
Quise más
y busqué junto al Tajo algún indicio de Pesoa
y pude ver la muerte en sus multiples vidas.
De Algeciras a Estambul navegué por los
míticos puertos mediterráneos crucé canals y
me abrí hacia el océano.

IV
sólo yo veo el ave que en la Plaza Mayor
intenta alzar el vuelo
sólo yo veo el adoquín sobre sus alas
la roca empecinada encima de su pecho

una piedra que pisan los que suben en las
escaleras mecánicas del Corte Inglés, en los
ascensores del Madrid de los Austria, en los
rolls royce que trepan los puertos hacia la
Granja de San Ildefonso, en los decibeles de la
Joy Eslava, en los aviones que remontan los
cielos de Barajas en todo lo que sube...

I entered Paris and the cascades of light
        falling on the Seine
aroused my hungers.
I wanted more
and looked beside the Tajo for a sign of
Pessoa and saw death in his multiple
lives. From Algeciras to Istanbul I
navigated the Mediterranean's mythical
ports crossed canals and opened myself to
the ocean.

IV
I alone see the bird that struggles to take
flight above the Plaza Mayor
only I see the stone on its wings
the stubborn rock upon its chest

a stone trampled by those who ride the
escalators at the English Court, the
elevators of Madrid in the Austrias, Rolls
Royces that creep around harbors to the
Granja San Ildefonso, in the decibels of
Joy Eslava, in the planes that lift into the
Barajas skies in all that rises…

V

sólo yo veo cuando vuela bajo

> /los gitanos anuncian sus argollas baratas
> los moros sus alfombras
> los mexicas su plata
> los hindúes su incienso
> y los turcos su sésamo
> y los chinos sus bálsamos
> los negros sus collares
> y los incas su quena
> y el ave de la plaza vuela
> en su flébil pena

VI

viene volando bajo

desciende al metro y halla

aquel aliento maternal de la tierra

se refugia en su seno

se esconde en su regazo

en sus entrañas

/pero los trenes siempre se detienen, los túneles se acaban, las portadas se cierran, la piedra terca pesa, aprisiona sus alas pisoteadas, y busca un asidero, una corriente, un río, un torbellino, una luz que lo ice

V

I alone observe when its flies low

> */the Gypsies hawk their cheap hoops*
> *the Moors their rugs*
> *the Mexicans their silver*
> *the Hindus their incense*
> *the Turks their sesame seeds*
> *and the Chinese their ointments*
> *the Blacks their necklaces*
> *and the Incas their flutes*
> *and the bird of the plaza flies*
> *in his phlegmatic sorrow*

VI

it is flying low

descending to earth and finds

earth's maternal breath

takes refuge in its breast

curls up in its lap

in its gut

/but the trains always stop, the tunnels end,
the gates close, the stubborn stone is heavy, it
imprisons broken wings, and searches for
something to grasp, a current, a river, a
whirlwind, a glacial light

VII
sólo el agua le ampara
nunca la turbia holganza del Manzanares
nunca la parca lluvia del cielo de Castilla
sólo el agua vulgar que sale de sus grifos
inédita /fragante
como del mismo manantial de Clío

VIII
la empozaba en el cuenco de sus manos
para ver su bonanza
salpicaba sus alas
bebía para olvidar
se embriagaba

IX
el olvido
la abulia
el agobio
la ausencia
hartos del agua lucia
se empañaban

X
la humildad de los grifos era un bálsamo
un elixir capaz de coronarle
rey del agua común
y dios de las bañeras

VII

only water comes to its defense
not the muddied idleness of the
Manzanares
not the sparse rain of Castile's sky
but common water pouring from spigots
unaltered/fragrant
as if it issued from Clio's own spring

VIII

I perched in the bowl of its hands
to glimpse its gift
its wings fluttered
it drank to forget
it got drunk

IX

the forgetting
the lack of will
the oppression
the absence
fed up with the shining water
they washed themselves

X

the spigot's humility was a salve
an elixir crowning it
king of common water
and God of the baths

XI
ileso
inmaculado
inmune a los ensalmos y ficciones
dueño del agua noble
el ave se curaba

XII
nunca pude escribir un poema a esta
ciudad
sólo el ave podía dedicarme sus rémoras
nunca pude decirle mi casa es alta y está
abierta
desde aquí se ve el mar
allá se yergue el valle
este río murmura y aquel trina

XIII
sonaban los teléfonos
/herían
había frío en los guantes
las bufandas
los chales

/aquí tampoco el ave viviría

XIV
abandoné mi casa
me fui a vivir con él bajo la piedra
viajamos en los trenes de la mañana

XI
uninjured
immaculate
immune to incantations and fictions
in possession of that noble water
the bird was healed

XII
I was never able to write a poem to this
city
the bird alone bestowed its memories
upon me
I could never tell it my house is tall and
open
from here you can glimpse the sea
over there the valley
this river murmurs and that one sings

XIII
the telephones rang
/*they wounded*
there was cold in the gloves
scarfs
shawls

/even the bird wouldn't be able to live here

XIV
I abandoned my house
went to live with it beneath the stone
we traveled the morning trains and those

y del atardecer
y en los que buscan el final de la noche

XV

/y compramos argollas para el cante
  sésamo para el hambre
  collares para el rito
  alfombras para el frío
  bálsamos para el tedio
  incienso para el miedo
  plata para la calma
  la quena para el alma

XVI

yo intentaba vivir con él bajo la piedra
soportar las pisadas de los *giris*
la mueca del que sube
el desdén del señor

XVII

/pero los trenes se detienen siempre, los
túneles se acaban en un punto donde no
empieza nada y la música calla, y confiere al
silencio, al ruido, la mansedumbre ambigua de
su espejo

XVIII

El ave renegaba de mi sombra
mi ambrosía solidaria era un bochorno
no soportaba mi traición inútil

of the afternoon
and those that go in search of night's end

XV
/ *and we bought hoops for the song*
   sesame for hunger
   necklaces for the ritual
   rugs for the cold
   salves for tedium
   incense for fear
   silver for tranquility
   and a flute for the soul

XVI
I tried to live with it beneath the stone
bear up under *sightseers'* footsteps
the grimace of one who ascends
to the lord's disdain

XVII
/but the trains always stop, the tunnels end
at a point where nothing begins, and the music
goes mute offering the ambiguity of its mirror
to silence, noise, the crowds

XVIII
The bird denied my shadow
my generous ambrosia turned to shame
my meaningless betrayal became
   unbearable

XIX

dejé la piedra

mi filantropía

abandoné mi estigma

deje al ave en su celda

y me fui libre

XX

nunca pude escribir aquel poema

en aquella ciudad

a esa ciudad

como el esclavo que ha comprado su
suerte
/¿qué puedo hacer con ella?
/¿estoy libre de qué?
/¿salvo de qué?

XXI

Calles

amplios paseos

rutas del aire y de los mares.

Todo camino abandonado por esta
vereda.

Se hunde la tierra donde piso

como La Flota de La Plata,

en el fondo de la vieja bahía.

XIX

I abandoned the stone
my philanthropy
abandoned my stigmata
left the bird in its cell
and freed myself

XX

I was never able to write that poem
in that city
to that city

like the slave who purchased his luck
/what can I do with it?
/From what am I free?/
/ Safe from what?

XXI

Streets
broad avenues
routes through air and across seas.
Every road abandoned for this trail.
Earth sinks beneath my feet
like La Plata's flotilla,
in the depths of the old harbor.

XXII
Una historia que comenzó bajo una
anacahuita cuando los ojos almendrados de
Julia / *madre mía* se perdieron en el profundo
azul de los ojos de Alfredo / *padre mío* bien
lejos del camino
/en la vereda donde estoy

Por aquel trillo comencé a encontrarme.
Por aquel trillo comencé a perderme.

XXIII
He preferido el sur.
En sus veredas hice mis prisiones
y hallé la libertad de los sin deudos.
Viajo hacia las antípodas.
Por los atajos que llegan al valle
los toros fieramente me perdonan la vida.

XXIV
No he dicho nada que alguien no dijera.
Lo inaugural me aplasta.
Fundar es la palabra que me asusta.

XXV
Cada mañana huyo de la Calle del Medio.
El trillo de la margen izquierda del San Juan
    se insinúa ante mí
mis sandalias se llenan de rocío
limpio mi voz con romerillo.

XXII

A story that began beneath an anacahuita tree
when Julia's almond eyes / *my mother*
lost themselves in the deep blue eyes of
Alfredo / *my father* so far from the road
/upon this trail where I walk

On that path I began to find myself.
On that path I began to lose myself.

XXIII

I have favored the south.
On its trails I made my prisons and
discovered the freedom of those without debt.
I travel to opposite extremes.
Along the shortcuts that take me to the valley
raging bulls set me free.

XXIV

I haven't said what another wouldn't say.
Introductions wear me out.
To inaugurate is a word that frightens me.

XXV

Each morning I flee the Calle del Medio.
The path along the San Juan's left bank
          unfolds before me
my sandals fill with dew
I cleanse my voice with rosemary.

XXVI

¿Qué me he perdido del camino?
No lo sé.
No sé si me he perdido.
No sé qué me he perdido.
Bien lejos del camino
la poesía es solo el trillo por el que busco un
            trillo

XXVII

Escogí la vereda de los papeles pobres
impresiones endebles rasgadas con las manos
difuminadas en las nieblas de la ciudad
      letárgica
/dormida le decían
humedecidas por el agua del río
saleadas por el mar

XXVIII

De dónde viene el agua
a dónde marcha
en dónde se encabrita
dónde pesa
en qué furnia del techo está su huella
dónde se yergue el don que la encamina.

XXVI
What of the road have I lost?
I don't know.
I don't know if I have lost myself.
I don't know what I've lost.
Far from the road
poetry is but a path upon which I search
                    for a path.

XXVII
I chose the path of poor pages
indelible print scribbled by hand
disappearing in the mist of a lethargic city
     /asleep they told him
moistened by the water of the river
salted by the sea

 XXVIII
Where does water come from
where does it go
where does it climb
where place its weight
in what rooftop crevice does it leave its
mark
where is the talent that makes it flow.

De dónde viene el agua
a qué rumbo se entrega
a dónde luego va pauta y silencio
cómo deja su grave disonancia.

De donde viene el agua vengo yo
pero no sé encontrar
su impropio origen
ni hacia donde se esfuma.
/no sé irme con ella.

XXIX
¿Debo seguirle la corriente al río
irme a jugar al mar
evaporarme
y no bajar porque si caigo
debo seguirle la corriente al río?
¿Desde cuándo esa lluvia
desde ese mismo cielo
sobre esta misma tierra
desde cuándo
cayendo?
¿Desde cuándo esas aguas
desde esta misma tierra
hacia ese mismo cielo
desde cuándo
subiendo?

Where does water come from
where does it go
where then is its rhythm and silence
its grave dissonance.

I come from where water comes
but do not know how to find
its improbable source
or where it vanishes.
/I do not know how to flow with it.

XXIX
Should I follow the river's current
go play in the sea
evaporate
and refuse to go down because if I fall
I must let the current carry me?
From whence that rain
from this very sky
on this very earth
since when
does it fall?
From whence those waters
from this very earth
to that same sky
for how long has it
risen?

Ciclo eterno que el hombre ha de beberse
que tiene que beberse
/y escupir
/y sudar
/y urinar
/y beberse
Ciclo del agua eterna
¿hasta cuándo?

XXX

Escribo sobre páginas escritas.
Vi arder Troyas, mas nunca he visto el fuego.
Poco sé de la tierra en que sembré
de las flores que abrieron en mi ausencia
y luego creí mías.
Trillo el trillo y no avanzo.
Tardo en saber a qué hora tengo hambre,
cuándo soy una bestia
cuándo el hombre.

En la pulpa rosada de una fruta quise ver mi
futuro.
No estaba escrito.
Hube de adormecer mi paladar
saborear una amnesia.
Tábula rasa era mi boca.

Eternal cycle man must drink
is obliged to drink
/and spit
/and sweat
/and urinate
/and drink himself
Water's eternal cycle
when will it end?

XXX

I write upon pages already written.
I watched Troy burn, but didn't see the fire.
I know little of the earth I planted
the flowers that bloomed in my absence
and I later believed were mine.
I plough the path but get nowhere.
It takes me a while to notice my hunger,
understand when I am a beast
and when a man.

In a fruit's rosy pulp I hoped to see my
future.
It wasn't written there.
I had to deaden my palate
taste amnesia.
My mouth was a *tábula rasa*.

Trillo el trillo y no ando.
/Reescribo/sobrescribo.
/Tachar/partir/romper
quemar/borrar/mentir
Infinitivos infinitos me asedian.

XXXI
Escribo sobre páginas escritas.
/La hoja en blanco es un mito.

XXXII
Corro
con un papel secreto

/una carta de amor/
por la noche cerrada
corro
con los ojos cerrados
por un camino que no es camino aún.

Vuelvo
corro otra vez
con la respuesta,
/otra carta de amor/
por la noche cerrada
con los ojos cerrados

I walk the trail but don't move.
/*I write again/I write over.*
/*Cross out/split/tear*
burn/erase/lie.
Infinite infinitives assail me.

35

XXXI
I write upon written pages.
/*The blank page is a myth.*

XXXII
I run
with a secret piece of paper

/*a love letter*
through the shroud of night
I run
with my eyes closed
along a road not yet a road.

I return
run again
with the answer,
/*another love letter*
through the shroud of night
with my eyes closed

XXXIII

y voy haciendo el trillo
la vereda cerrada hacia la noche
en la noche cerrada que no me espera
que debo abrir
aunque tan solo tenga
una carta secreta
/y sea de amor.

XXXIV

El amor es un niño que corre con los ojos
cerrados
apretando los párpados, apretando las
manos, con un mensaje en blanco, por una
vereda que no existe. El amor es un trillo
que no existe por el que corre un niño
hacia lo blanco. El amor es un blanco que
espera por un niño en la noche cerrada,
con los ojos cerrados. El amor es la noche
cerrada, los ojos apretados y la vereda
blanca.

XXXV

"Esto es mío", gritaba con firmeza. "Esto
es mío", gritaba con dolor. "Esto es mío",
cantaba. Mientras lanzaba la mala yerba
lejos y mi sudor, mi llanto, mi saliva, mi
semen abonaban la tierra /tierra de
promisión, vereda, trillo/ a donde fui
confinado por algo / para algo / por
alguien / por mí mismo.

XXXIII

and I shape the path as I go

the narrow trail toward night

in the shrouded night that doesn't wait for me

that I must open

although all I have

is a secret letter

/and it's of love.

XXXIV

Love is a child who runs with his eyes closed
squeezing his eyelids, clenching his fists, with
a wordless message, along a trail that doesn't
exist. Love is a path that doesn't exist along
which a child runs toward nothing. Love is an
absence that waits for the child in the shroud
of night, his eyes closed. Love is the shroud of
night, eyes shut and the lonely trail.

XXXV

"This is mine," I shouted energetically. "This
is mine," I shouted painfully. "This is mine," I
sang. As I got rid of the bad weeds and my
sweat, tears, saliva, semen, they fertilized the
earth / *earth of promise, trail, path* / where I was
imprisoned for something / *for something* / by
someone / by myself.

XXXVI

Dentro del río / *sería la corriente.*

Dentro del mar / *la ola.*

Sobre el puente /*los pasos.*

Sobre la tierra firme /*una hoja que vuela…*

XXXVII

Formas de ser

/de estar

/de asirme.

XXXVI

Within the river / *would be the current.*

Within the sea / *the wave.*

On the bridge / *my footsteps.*

On solid earth / *a leaf that flies…*

39

XXXVII

Ways of being

/ of being somewhere

/ of taking myself in hand.

SEGUNDO CAMINO / PRECIPICIOS

SECOND ROAD / PRECIPICES

1

He comprado pescado esta mañana
y he sentido un temor ancestral
ante sus ojos.

2

Cuidando de no herirme
he guardado las piedras del vecino
bajo los vidrios de mi techo.

3

Voy,
camarón dormido,
en la corriente que me quita los sueños.

4

El árbol que planté nació torcido.
Cada mañana en vano trato de enderezar mi
espalda.

5

El mal tiempo se posó sobre mí.
Por entre las ramas del olivo
pude ver una oscura nube sonriente.

Me coloqué la máscara de la comedia
y me entregué a la tempestad.

1

I've bought a fish this morning
and gazing into its eyes
felt ancestral fear.

2

Careful not to injure myself
I've piled the neighbor's stones
beneath the glass of my roof.

3

I wander,
a somnolent shrimp,
in the current that steals my dreams.

4

The tree I planted was born twisted.
In vain each morning I try to straighten
my spine.

5

Bad weather invaded me.
Between the branches of the olive tree
I could see a dark cloud smiling.

I donned the comedian's mask
and delivered myself to the storm.

6

Para mi huida
tendieron un radiante puente de plata
sobre el foso.

Luego sabría
que yo era el enemigo.

7

Desayunó con dios sobre la luz de la mañana.
Almorzó con el diablo bajo la luz del
mediodía.
Bajo la luz de las estrellas,
a la hora de la cena,
solo encontró en la mesa vacía,
la confusión de las hogueras.

8

Puso el ojo sobre la estrella.
Puso la bala sobre la misma estrella con una
			certeza proverbial.

Entonces fue la guerra.

6

For my escape
they built a radiant silver bridge
across the ditch.

Later I would learn
I was the enemy.

7

He took his breakfast with god above the
morning light.
He lunched with the devil beneath the light of
midday.
Beneath the light of the stars,
at the dinner hour,
he found only a confusion of campfires
on the empty table.

8

He trained his eye on the star.
With proverbial aim he shot a bullet
         at that same star.

Then war broke out.

9

Bajo el olor de los cabellos calcinados que
          llega desde la vecindad
todos los días pongo mis barbas en remojo.

10

Abrí mi boca y las moscas entraron
              precipitadamente.
Cuando intenté cerrarla
ya el enjambre había armado su casa,
su algazara.

11

He sido el río y su sonido.
Siempre he traído piedras.
También he sido la piedra y su rumor.

12

Las paredes.
Su oído.
El que habla.
El que escucha.
El que oye al que escucha.
El que habla al que oye.
El que desoye.
El que deshabla.

Los oídos.
Sus paredes.

9
Beneath the stench of charred hair
          coming from the neighborhood
I set my beard to soak each day.

10
I opened my mouth and flies
          hurried in.
When I tried to close it
the swarm had already made itself at home,
one last hurrah.

11
I have been the river and its echo.
I have always brought stones.
I have also been the stone and its song.

12
The walls.
Their ear.
He who speaks.
He who listens.
He who hears the one who listens.
He who speaks to the one who listens.
He who doesn't hear.
He who doesn't speak.

The ears.
Their walls.

El que hablucha.

El que escabla.

El que habloye.

13

Fui una piedra

y rodaba y rodaba hacia el oriente.

Fui otra piedra

y rodaba y rodaba hacia el poniente.

No sé cómo han llegado a la piedra que soy.

14

Sé que no soy el mejor escribiente.

Tan solo un escribiente que teme convertirse

en su peor borrón.

15

Puestos en la balanza

–desafiantes–

el peligro mortal y la confianza plena,

decidieron fundirse para siempre

en las cruzadas del equilibrista.

He who speahears.

He who lispeaks.

He who spealistens.

13

I was a stone

rolling and rolling to the east.

I was another stone

rolling and rolling to the west.

I do not know how they found the stone I am.

14

I know I am not the best scribe,

only the scribe who fears

becoming his worst erasure.

15

Placed on the scale

-defiant-

mortal danger and abundant confidence

decided to fuse forever

in the aerialist's comings and goings.

16

Como el papel aguanta todo cuanto le pongan
no hay mentiras escritas.
Mentiras sólo son las que se lleva el viento.

Toda verdad es de papel.

17

Hoy por ti.
¿Y mañana?
Mañana por mí.
¿Y hoy?

18

Soy el pez libre de las aguas mansas
que dios puso en mi amparo.
El que sabe que en las aguas revueltas tendrá
que ser su Dios.

19

Era su prédica la más dilatada.
—Ama a la libertad —nos repetía.
Y regresaba a las tapias de la ambigua
palabra.

16

Because pages bear all that is inscribed
          upon them
there are no written lies.
Only those written on the wind are lies.

All paper is truth.

17

Today is yours.
And tomorrow?
Tomorrow is mine.
And today?

18

I am the fish swimming free in quiet waters
sent by God in my own defense.
He who knows his God must reside
upon a rough sea.

19

His was the longest sermon.
"Love liberty," he repeated,
and returned to the puzzle of the ambivalent
word.

20

Era experto en empujar las naves hacia la mar
    en calma.
La calma hacia las marejadas.
En mirar el desastre desde su eterna orilla.

21

Acudí a tu llamado y te salvé la vida.
Acudí cuando no me llamaste y te maté.
Ahora estoy preso y sordo.

22
—Nunca— dije ya tarde.
Y
me
cayó
la
noche
como un
jamás
sobre
los
hombros.

20

He was experienced at pushing boats onto
    the tranquil sea.
Tranquil to the surf line.
At viewing disaster from its endless shore.

21

I heard your cry and saved your life.
I came when you didn't cry and murdered
you.
Now I am imprisoned and deaf.

22

"Never," I said too late.
And
night
descended
upon
me
like a
never-ever
on
my
shoulders.

23

Al final del día largo, dejé para mañana el
poema que iba fundar una expresión inédita,
un insólito idioma.
—Mañana —me decía cada noche— será un
día refulgente que nos recibirá con todo su
vigor…

24

Nunca dejé el camino.
Estoy en las veredas azarosas
en que el camino me dejó.

25

Dicen que al mal suele sobrevenir el bien.
¿Y al bien?

26

Extendió el brazo izquierdo para hacerse del
mar.
El derecho para asir la montaña.
Aspiró para guardar todos los vientos en su
pecho,
las aguas en su vientre,
el sol sobre su rostro,
la luna entre su pelo,
y todas las estrellas en sus ojos.

Solo escuchó el ruido de la noche cayendo en
sus espaldas.

23
At the end of the long day I left for tomorrow
the poem that would mark the beginning of
an unknown mode of expression, a new
language.
"Tomorrow," I told myself each night, "will
be a radiant day receiving us with all its
power."

24
I never abandoned the road.
I walk the hazardous trails
to the place where the road left me.

25
They say good tends to overcome bad.
And what overcomes good?

26
He extended his left arm to hold the sea,
his right to embrace the mountain.
He inhaled deeply, taking all winds into his
lungs,
waters into his belly,
the sun on his face,
the moon in his hair,
and all the stars in his eyes.

He only heard the sounds of night
        behind him.

27

Tuve peces.
Se perdieron en las aguas revueltas de un río
que aún no tiene sosiego.

Sé de los oportunos pescadores.
De sus redes revueltas.

28

Los añicos del cántaro destrozaron la fuente,
la cegaron.

Un largo ir y venir para alcanzar la sed.

29

Eran sonrisas ciertas.
Pobres y cortas como la alegría.
Pocas y breves como la verdad.

30

El anciano,
en la noche absoluta,
sobre el silencio roto de los graznidos,
en la paz dominante de su intensa mirada,
cría sus cuervos ciegos.

27
I had fish.
They got lost in the rapid waters of a river
not yet serene.

I am familiar with the ready fisherman,
their tangled nets.

28
The pitcher's broken slivers destroyed
the fountain,
blinding it.

A long going and coming to get to thirst.

29
The smiles were convincing.
Poor and short like happiness.
Few and brief like truth.

30
The old man,
in the depth of night,
in the broken silence of birdcalls,
in the dominant peace of its intense gaze,
breeds his blind crows.

31

Cuantas veces tocaron a degüello en mis
oídos.
Cuantas no lo escuché.
He vuelto a ser el soldado desprevenido.
La misma baja de las guerras que nunca
imaginé.

32

Fui el árbol caído.
La leña bajo el filo del hacha.
Alimenté la hoguera que abrasó los asados
y calentó las manos.
Fui el hombre poderoso y su sonrisa calida
Frente al fuego,
Atizándolo.
Uno y otro, hasta ser la ceniza.

33

Secaba mis lágrimas.
Quería ser aún el surtidor en que me había
transfigurado.
Suspiraba.
Quería ser la fuente en la que hubo un
surtidor.

34

Muchos corrimos
creyendo que era luz.
Sólo los rezagados alcanzaron a contenerse
    al filo del abismo.

31

How often did their call pierce my ears.
How often did I not listen.
I have become again the soldier caught
        off guard.
The one fallen in wars I never imagined.

32

I was the fallen tree.
Wood beneath the axe blade.
I fed the fire that roasted meat and warmed
hands.
I was the powerful man and his warm smile
before the fire,
stoking it.
Once and again, until turning to ash.

33

I dried my tears.
I still wanted to be the spigot into which
I'd been transformed.
I sighed.
I wanted to be the platter holding a spigot.

34

Many ran
believing it was light.
Only the latecomers were able to stop
at the edge of the precipice.

35

Como la gota que colmaría la copa.
Como el día que vendría tras otro
–a cada santo le llegaría el suyo– decía la
pitonisa.

Pero la copa estaba rota,
los días dejaron su trasiego
y ya no quedan santos.

36

El poeta de la tarde lo buscó en las puestas de
sol.
El poeta de la noche en las tinieblas.
El poeta de las madrugadas
lo encontró muy temprano
en sus propios espejos.

37

Subió al podio entre vítores.
Sintió que los aplausos se reproducían.
Quiso que no cesaran.
Y se olvidó definitivamente del silencio.

38

Me arrimé hasta el buen árbol.
Sentí ante su justicia
que mi rama era pobre
y mi raíz endeble.

35

Like the drop that overflows the cup.
Like one morning following another
—every saint will have its day— said
the fortune teller.

But the cup was broken,
the days left their clutter
and there are no saints now.

36

He searched the sunset for the afternoon
poet.
In the shadows for the poet of night.
The poet of dawns
he found soon enough
in his own mirrors.

37

He ascended the podium to the sound of
vivas.
He felt the swelling applause.
He didn't want it to stop
and once and for all forgot about silence.

38

I leaned against the good tree.
Beside its justice
I felt myself a poor branch
with a weak root.

Pero su sombra era una gracia.
Aprendí a ser cobija.
Un bosque.
Su virtud para el descanso o la mortaja.

39
–Callad– decía el pez sabio –que las palabras
son anzuelo,
carnada.
El pez grande,
en el jamo,
seguía contando sus progresos.

40
Días
en los que cruzo a nado los océanos.
Días
en que me ahogo en el vaso de agua.

But its shade was grace.
I learned to be a blanket.
A forest.
Its virtue for rest or the shroud.

39
"Do not speak," said the wise fish, "for words
are a fish hook,
bait.
The big fish,
in its rigid net
kept track of his progress.

40
There are days
when I swim the width of oceans.
Days
when I drown in a glass of water.

TERCER CAMINO / CONCURRENCIAS

THIRD ROAD / SPECTATORS

ELLA

Sangro, lucho, pervivo
Miguel Hernández

I
el que afuera
sale a buscarme
como quien busca a dios
y solo encuentra
        solo/encuentra
mi ceniza espantada

el que afuera
        afuera/fuera
sale a encontrarse
conmigo frente a frente
y no consigue
no/consigue/no/consigue

ver en mi rostro más que su fracaso.

el que afuera
sale a buscar su noción de espejismo
a encontrar su ilusión en las peceras
ha de saber que nunca
nunca/nunca
ha estado ni siquiera cerca de los bordes
    que las orillas huyen
que no hay alambres de puas

HER

> I bleed, I fight, I survive
> Miguel Hernández

I
he who looks for me
out there
as if he were looking for god
and only finds
            only / finds
my frightened ashes

he out there
            out / there
looks for himself
with me before him
and finds nothing
doesn't / find / doesn't / find

sees nothing but failure on my face

he who out there
goes in search of his
notion of a mirage
hoping to find his illusion in fishbowls
should know he's never
            never / never
been close to the edges
shorelines flee
that there is no barbed wire

que el cerco no es el cerco
que no hay alambres de púas
ni hitamorreal ni cardo
que quede próximo a su hambre.

que nunca ha estado afuera.

II
adentro están las aguas
cien páginas de aguas
pero adentro del agua no estoy yo.

aquí adentro no hay nada
          nada/nada
ni maldición
ni bendición
ni pálpito.

III
Quien me quiera
que empiece por nombrarme
por decir la palabra
por buscarla
construirla
fundirla
conquistarla
          ser
el mismo la palabra

for the fence is not the fence
there is no barbed wire
rude brush or thistle
awaiting his hunger.

he has never been outside.

II
within are the waters
one hundred pages of waters
but I am not in the water.

here within there is nothing
          nothing / nothing
neither curse
nor blessing
nor breath.

III
He who loves me
must begin by naming me
by saying the word
searching for it
creating it
conquering it
          becoming
himself the word

y siéndolo
olvidarla
y convertirse en ella
sin saberlo
olvidar que la halló
que fue conquistador
y conquistado.

and being it
forget it
and without knowing
become it
forget that he found it
that he was conqueror
and conquered.

OJOS

en un lugar ajeno
alguien ajeno a ese lugar
copia asuntos ajenos
otea
planea algo.

en un lugar ajeno
alguien ajeno a ese lugar
ve a otro ajeno
copiar, cortar, pegar
asuntos ajenos
otea al que otea
planea algo.

alguien oteado, vigilado
ajeno a cuanto pasa
al que otea al que otea
vigila a alguien que mira
al que hurga en sus predios.
danza eterna
de los ojos ajenos
en lo ajeno

EYES

in a far off place
someone foreign to that place
copies distant affairs
looks down
plans something.

in a far off place
someone foreign to that place
sees another foreigner
copying, cutting, pasting
distant affairs
looks down on the one looking down
plans something.

someone looks down upon, watches,
but distant from what is going on
from the one looking down on the one
looking down
watches someone who looks
at him who works his lands.
eternal dance
of distant eyes
in the distance

una miríada de rayos y soles
que cruzan se entrecruzan
se matan y rematan
silentes como árboles
como los árboles regando sus hojas
como los árboles
floreciendo
fijando sus raíces
esparciendo sus ojos.

a view of lightning and suns
crossing and re-crossing
killing and leaving for dead
silent as trees
like trees shedding their leaves
like trees
flowering
digging their roots
scattering their eyes.

CARNE DE PRESIDIO

Soneto negro

por un viaje que hizo a la palabra
por un cartón pegado a una consigna
por un lápiz quebrado   por un globo
por un loco   una cabra   una costura

por un oportunista o un suicida
por una cruz   una pedrada   un cuerno
por un ruido   un galope   una pizarra
una mentira   un bisturí   un cordón

por una vaca   una pistola   un cuadro
una perdida   una trinchera   un verso
por un pan   una estrella   una cascada

por un televisor   una ventana
una colilla   un carro o un papel
por un poco de sol   todos lo somos

PRISON MEAT

Black Sonnet

for a word that travels
for a placard pasted to a slogan
for a broken pencil   for a balloon
for going crazy   a goat   a seam

for an opportunist or a suicide
for a cross   a stoning   a horn
for a sound   a gallop   a blackboard
a lie   a scalpel   a rope

for a cow   a pistol   a painting
a loss   a trench   a verse
for bread   a star   a waterfall

for a television   a window
a cigarette butt   a car or sheet of paper
for a bit of sun   all of us are

PERDIDO

Perdido en esa miasma de la imagen,
reencontrado en sus aguas redentora,
busqué palabras en las altas horas.
En vano fue pedirle que se bajen

de esa ampulosa catedral que clama
por lo eterno. Su cuerda es tan fugaz
que aún no he logrado conseguir la paz
donde la imagen la palabra llama.

He encontrado que todo se confunde
se amalgama en el lapso y en la nada
como la ola que en el mar se hunde

mientras pasa la luz y en su cruzada
el tiempo pierde porque nunca cunde
y la palabra se me vuelve espada.

LOST

Lost in those fumes of the image,
found once more in its redemptive waters,
through the late hours I searched for words.
In vain I asked them to descend

from that bombastic cathedral that prays
for the eternal. Its rope is so elusive
I have not been able to find the peace
from which the word's image calls.

I have found it all confusing, dissolving
into a lapse of memory or into nothing,
like a wave disappearing into the sea

while light goes by and in its crossing
time loses because it gives us no warning
and my word becomes a sword.

VAGOS DECIRES

Morir antes de nacer,
llegar entes de la espera;

/ *no encontrar una manera*
de contender.

Cuesta arriba,
como el tango, cuesta abajo.

No saber por dónde sangro,
/ *no hallar el tajo.*

Toda la sabiduría
se vuelve pasto.

Cerrojos
son mis denunciantes ojos
/ *y mi cabeza vacía.*

Canciones para qué oído,
promesas que van al fuego.

Partituras para un ciego,
/ *coros perdidos.*

RANDOM SAYINGS

To die before birth,
arrive before waiting;

/find no way
of dealing.

Uphill,
like a tango, downhill.

Not to know where I bleed,
/unable to find the chopping block.

All wisdom
turns to animal fodder.

          Padlocks
are my accusatory eyes
/and my empty head.

Songs for whatever ear,
promises tossed into the fire.

Musical scores for a blind man,
      / lost chorale.

Estirarme hacia el silencio
comprender la salvedad.

Justificar un abismo,
/ no poder más.

Esperar
y sólo encontrar la nada.

*/ una herida que no ha abierto
y ya debe estar zanjada.*

Stretching myself toward silence
understanding salvation.

To justify an abyss,
/unable to go on.

Wait
and find only nothing.

/ a wound that has not yet opened
but must already be healed.

RAP DE MUNHOA (IMPRONTO)

A la saga cubana de Isaac Muñoa, mi abuelo

Para ti soy solo eso
un proceso
un poseso que se muerde mal la lengua
y su sangre verde nada tiñe
a nadie asombra
la sombra que se destiñe
no es auténtica
es idéntica
a las luces que deslumbran
me apenumbran estos lances
en que finjo ser Pessoa

pero nada soy Munhoa

me duele el dolor fingido
qué alarido
vago herido
me acoquino
ser poeta es un mal tino
mi destino
desatino impredecible
irreversible
inconvertible

MUNHOA RAP (IMPRESSION)

*To the Cuban saga of my grandfather, Isaac
Muñoa*

To you I am nothing
but process
one possessed who keeps on biting his
tongue
and whose green blood tints nothing
surprises no one
a fading shadow
isn't authentic
it is identical
to the lights failing to illuminate
dull swords shaming me
with which I pretend to be Pessoa

but I am nothing Munhoa

I am hurt by fictitious pain
how it shrieks
my random wound
freaks me out
to be a poet is a bad sign
my destiny
unpredictable uncertainty
irreversible
uncontestable

ya maltrecho

tan estrecho

que fue trecho

que fue techo

y hoy no es nada

ni un alero

si me esmero

si prospero

si lograra ser Pessoa

pero nada soy Munhoa

soy sensato

mi zapato

lo aprieto

lo calzo exacto

voy con tacto

pie derecho

voy desecho

pero ardiente

qué valiente

abro la hoja

mano coja

mano floja

already damaged
and so narrow
it went poof
it was a roof
and today it is nothing
not even an eave

If I try
I could die
if only I could be Pessoa

But I am nothing Munhoa

I am true
my shoe
pull it tight
fits just right
I walk carefully
right foot
I walk broken
but on fire
how brave I am
open to the page
disabled hand
lazy hand

cojo el lápiz tembloroso
voy miedoso
me acoquino
escribo
soy y no voy
dónde estoy
soplo hondo
y suspiro
y me agiganto

soy Pesoa soy Pesoa

pero nada soy Munhoa
un heterónimo anónima
un indiano
un provinciano
en el nuevo continente
sin arientes ni parientes
descubierto en este puerto
donde finjo ser creado
por el bardo de Lisboa

yo soy él
soy el poeta
el profeta
el de la meta
le soy fiel
y soy aquel

trembling I take the pencil
I am scared
become fearful
I write
I am and don't move
where am I
I breathe deep
and sigh
become a giant
I am Pessoa I am Pessoa

but I am nothing Munhoa
an anonymous pseudonym
a native
provincial guy
on this new continent
not one thing or the other
discovered in this port
where I pretend to have been
the bard from Lisbon.

I am him
I am the poet
the prophet
with a plan
I am faithful
I am that man

que insiste insiste persiste
que se trasviste
y resiste
que reviste
que se inviste de Pessoa

pero nada soy Munhoa

que soy Álvaro de campos
me voy al campo
paseo
me lo leo
me lo creo
me mareo
soy su reo

y soy Alberto Caeiro
me lo leo
me empalago
me lo creo
soy un lago de poemas
voy paseo
me mareo
me dilato

who insists insists and persists
changes appearance
and resists
is clothed in his robes
and dresses like Pessoa

but I am nothing Munhoa

I am Alvaro of the fields
I am going to the land
I roam
read myself
and believe myself
I am dizzy
I am its prisoner

and I am Alberto Caeiro
I devour and drench
myself in him
I believe
I am a lake of poems
wandering
fainting
opening

luego soy Ricardo Reis
todo un rey de la poesía
soy un verso
soy converso
soy Pessoa soy Pessoa

pero nada soy Munhoa

oigo fados
bebo oporto
leo a Nietzsche
a Schopenhauer
me comporto como todo un lusitano
doy mi mano
soy hermano en San Jerónimo
vuelvo a ser otro heterónimo
voy al tajo
que me atrajo
me relajo
me sumerjo
nado nado
y llego al mar de la paja
vuelvo y ya soy simbolista
gran poeta
gran artista
modernista

then I am Ricardo Reis
king of poetry
I am a verse
I am a convert
I am Pessoa I am Pessoa

but I am nothing Munhoa

I listen to Bossa Nova
drink port
and read Nietzche
and Schopenhauer
act every bit Portuguese
hold out my hand
am a brother of Saint Jerome
become another pseudonym
go right to the grain
that pulled me in
I relax
submerge myself
swim swim
and sink in a sea of straw
then come back as a symbolist
great poet
great artist
modernist

y como él
vanguardista
y como él futurista
y como él
siento un gran desasosiego
vuelvo al lápiz
a la hoja
soy Pesoa soy Pesoa

pero nada soy Munhoa

and like him
of the vanguard
and like him a futurist
and like him
have great misgivings
go back to pencil
and paper
I am Pessoa I am Pessoa

but I am nothing Munhoa

EL PERRO / *DE GOYA*

Si me dejaran escoger un cuadro en el Museo
del Prado
no escogería *Las meninas*
mi preferido
/*no podría con tanto.*

Ni *La Rendición de Breda*,
que me detuvo en un banco
durante horas que parecieron siglos.

Ni siquiera los rostros de los borrachos de
Velásquez
/*mi pintor favorito,*
/*el pedazo de arte que más me ha conmovido.*

/Yo
que nunca he sido amante de los perros
ni de ningún animal doméstico o salvaje
me llevaría sin dudas el perro semihundido,
de Francisco de Goya y Lucientes.

Debe haber un motivo que desconozco para
esta preferencia.
/ *Ese misterio no sé desentrañarlo.*

THE DOG / BY GOYA

If I had to pick one painting
at the Prado Museum
The Maidens
wouldn't be my choice
/ *too much for me.*

Nor *The Surrender of Breda*
I contemplate sitting on a bench
for hours that seemed centuries.

Not even those drunken faces
by Velázquez
/*my favorite painter,*
/*the piece of art that has moved me most.*

/I
who have never loved dogs
nor any animal wild or domestic
would doubtless pick *The Half-Submerged Dog*
by Francisco de Goya y Lucientes.

There must be a reason
for my preference.
/ *I cannot unearth the mystery.*

Es un cuadro menor
un perro hundiéndose en la tierra
/sólo
/sin desesperación
/sin esperanzas.

No sé si hay una historia.
Dicen que Antonio Saura lo considera "el
cuadro más bello del mundo".
Dicen que es un poema visual,
que es el primer cuadro simbolista de
Occidente,
que se adelantó al abstraccionismo,
al expresionismo, a los impresionistas.

Seguramente Fina García Marruz
pudiera escribir el poema que ya Goya pintó.
/La eternización de ese instante.

Yo no, nada podría escribir.
No creo siquiera que sea un cuadro bello.
Poco puedo decir de sus cualidades
precursoras.

/ Yo sólo atinaría a llevármelo,
ponerlo en mi pared
/y mirarlo
/mirarlo
/mirarlo

It's a minor painting
a dog sinking into the earth
/solitary
/untroubled
/without hope.

99

I don't know if it has a story.
They say Antonio Saura considers it "the
most beautiful painting in the world."
They say it's a visual poem,
the first symbolist work of the West,
that it preceded abstractionism,
expressionism, the impressionists.

Surely Fina García Marruz
could write the poem Goya painted.
/prolonging that instant forever.

Not me, I can't write anything.
I don't even think it's a beautiful painting.
I can say little about its origins.

/ I might only manage to steal it away,
hang it on my wall
/and gaze at it
/gaze at it
/gaze at it

LA PERDIDA COSTUMBRE

Para Juan Luis Hernández Milián, en La
Vigía, en Moscú

Atravesamos muy despacio la oscura plaza
        casi intransitable para tomar café.
No hay agua para hacerlo / *No hay/Palabra*
diaria.
Me acerco hasta la barra. Le digo al mozo que
aquel poeta
/ *señalo sin discreción/*
viene desde Moscú con una carta de Olecia
        Nikolaeva para mí.
Ella ha pedido sea leída esta noche en esa
mesa
donde nos conocimos cuando viajó a la Isla.
Necesitamos al menos un café
/ *un buen café para la ceremonia.*

El mozo no sabe quién soy yo
ni que aquel que señalo es el último amante
        de Olecia Nikolaeva.
No sabe quién es esa extranjera que perdió
    la cabeza.
/ *Pero yo estoy luchando y va a tirarme un salve.*

THE LOST CUSTOM

For Juan Luis Hernández Milián,
in La Vigía, in Moscow

Very slowly we cross the dark almost
      impassable square to drink coffee.
There isn't any water to make it / Isn't
any / *That daily complaint.*
I approach the counter. I tell the waiter that
poet
/ *I point to him rudely*/
comes from Moscow bringing me a letter
    from Olecia Nikolaeva.
She has asked it be read tonight at this table
where we met when she traveled to the
Island.
We need a coffee at least
 /some good coffee for the ceremony.

The waiter doesn't know who I am
nor that the one I point to is
    Olecia Nikolaeva's last lover.
He doesn't know who that foreigner is
    who lost his head.
/ *But I'm drowning and he's going to throw me a*
line.

/*La palabra es capaz de un exorcismo*, dice Olecia,
y el mozo encuentra algo de agua.
Cuela.
/*Su espíritu aromoso levanta a un muerto*
suspire el doble amante cuando traen el
		espíritu en una taza blanca.

El poeta que viene de Moscú por fin bebe el
café mientras me entrega el sobre verde como
la intensa estepa rusa.
/ *el regalo de Olecia, me repite.*

Es un sobre ajado por el largo viaje
/ *¡lo sé, lo sé, la palabra es capaz de un exorcismo!*
Así comienza Olecia en español.

La presbicia me hace extender el brazo con la
hoja para intentar leer el manuscrito,
pero no logró conseguirlo y el amante me
auxilia

/*Llénate la boca de agua si miras con lúgubre*
zozobra, /*vuélvete de espalda, guarda silencio si*
una pasión maligna
/*te llama a gritos, turbando el corazón y ya,*
en lo adelante, es imposible amar.
Sigue leyendo pero ya no oigo.

/the word is capable of exorcism, Olecia says,
and the waiter finds a bit of water.
He strains the coffee.
/Its aromatic spirit raises the dead/
the dual lover sighs when they bring the spirit
        in a white cup.

The poet who comes from Moscow drinks the
coffee at last as he hands me an envelope
green as the intense Russian steppe.
/ Olecia's gift, he repeats.

It's an envelope weathered by its long journey
/I know, I know, the word is capable of exorcism!
That's how Olecia begins in Spanish.

My presbyopia has me holding the page at arm's
length in order to try to read the text,
but I can't and the lover helps

/Fill your mouth with water if you are surprised
/turn your back, be quiet if a malignant passion
/cries your name, unsettling your heart and if
from then on it is impossible to love.
I keep reading but no longer hear.

Pienso en la perdida costumbre de regalar
poemas.
De regalar poemas de otros.
De leer en voz alta los poemas de otros que
uno regala.
De escuchar en voz alta el poema de otro
        que alguien te ha regalado.

Pago el café con un billete y dejo el cambio.
Ya sabe el mozo que estoy loco.
Que la rusa está loca.
Que el poeta que regresa de Rusia está loco

*/Guarda silencio si una pasión malgina te llama
        a gritos —dice Nikolaeva con sorna.*

El mozo nos despide.
Sonríe en su doblez
/No pierdan la costumbre…

La perdida costumbre…

I think of the forgotten custom of gifting poems.

Of giving poems by others.

of reading aloud the poems by others that one

gives as gifts.

Of listening out loud to another's poem

someone has given you.

I pay for the coffee with a bill and leave the change.

The waiter already knows I'm crazy.

That the Russian woman is crazy.

That the poet returning to Russia is crazy

/ *Be quiet if a malignant passion shouts*

to you—says Nikolaeva mockingly.

The waiter bids us farewell.

His two-faced smile

/*Don't forget the custom of paying us a visit…*

/*The lost custom…*

ABRO LA CAJA

/ con

Camilo / Gisela / Laura / Teresita / Charo /
Enrique / Orestes / Bladimir…

Para Luis Yuseff

Abro la caja de tabacos. Caja-
libro / *pandora.*
Subo como un fantasma las escaleras
del torreón de San José de La Vigía.
Ellas recortan-rasgan-pegan-
iluminan / *matan.*
Abro un libro sustraído de la zona gris,
sacado de las sombras.
Copia furtiva.
Regalo furtivo.
Leo un poema y me hago a los trajines,
digo.
Y comienzo a leer antes de unirme.
Me miran con recelo.
Todo cambia mientras leo *Memorial de un*
testigo.
"No recortes-no pegues-no rasgues-no
illumines
/ *no mates.*
Sigue leyendo, sigue, lee, lee".
Y esa mañana soy lector
/ *de tabaquería.*

I OPEN THE BOX

/ with

Camilo / Gisela / Laura / Teresita / Charo /
Enrique / Orestes / Bladimir…

For Luis Yuseff

I open the box of cigars. Book-box /
pandora.
Like a ghost I climb the stairs
of San Juan de la Vigía tower.
The women cut-scratch-hit-illuminate /
they kill.
I open a book taken from the shadows,
retrieved from the gray zone.
Furtive copy
furtive gift.
I'll read a poem, do my best, I say.
And I begin to read before joining the
others.
They look at me jealously.
It all changes as I read *Memoir of a Witness.*
"Don't cut-don't hit-don't scratch-don't
illumine / *don't kill.*
Go on reading, go on, read, read."
And that morning I am a
/ *cigar factory reader.*

II

Cuando / en los predios del Marqués de Arcos
apareció un zurrón con marquillas impresas
de la más excelsas casas de puros habanos y
cigarrillos,
aguardando por el último tiro de la imprenta
desde hacía más de un siglo…
Cuando / en el prodigioso zurrón encontramos
también cientos de finísimos estuches para un
único puro / *vacíos*. Esperando…
Cuando / íbamos bordeando el río San Juan, y
vimos en las viejas almacenes de azúcar de
Narváez, las cajas de madera / *vacías*. A la
espera…
Cuando / paseando por el Valle del Yumurí
divisamos las olvidadas vegas que alguna vez
fueron cantada por la alegría de Plácido y allí
fueron torcidos los puros que por fin irían a
los estuches solitarios…
/ *entonces*

III

…*éramos* / antiguos maestros impresores
cubriendo, en el viejo mimeógrafo, los
espacios que en recuadros celestes, púrpuras
y dorados, alguien allá muy lejos en el tiempo,
reservó para ti.

II

When / on the Marques de Arcos's land they
discovered a leather pouch with metal type
produced for the most exclusive Havana cigar
and cigarette companies, waiting more than a
century for its final print run…
When / in the prodigious pouch we also found
hundreds of elegant containers for a singular
cigar / empty. *Waiting…*
When / we strolled along the San Juan, and
saw in Narváez's old warehouses, the wooden
boxes / *empty.*
In wait…
When / roaming the Yumurí Valley we
glimpsed the forgotten tobacco houses that
Plácido once sang to happily and that's where
they would have fabricated the cigars
destined for those solitary containers…
/*then*

III

…*we were* / ancient master printers filling in,
on the old mimeograph machine, the squares
of pale blue, purple and gold, far back in a
time *reserved* for you.

…*éramos* / escribas esmerados en imitar la
caligrafía de la vitolfilia.
…*éramos* / tiperritas, bogando en una
underwood sobre el mar azul de los
esténciles, calando los poemas que tú, el pez,
nos dejaste una noche en testamento.

IV
Y aquella mañana /
cuando … Heredia le tendía una carta de amor
a Luisa Emilia desde las escaleras de Jesús
María / *vio*
cuando / Plácido improvisaba su "Plegaria a
Dios", frente al Santa Isabel, camino del
patíbulo / *vio*
cuando / José Jacinto, junto al San Juan, creyó
oír en los murmullos del río la voz de Isa
diciendo que lo amaba / *vio*
cuando / Joseito Juai tocaba su violín en lo más
alto
del Versalles de Matanzas / *vio*
cuando / Fedrika Bremer, desde La Cumbre, a
orillas del valle, terminaba su primera carta
desde Cuba / *vio*
cuando / Villaverde supo de labios de Carlota
que ella solo amaba a Pepe / *vio*

…we were/ old copiers intent on reproducing
labels and stamps.
…we were/ typesetters, rowing an underwood
upon the blue sea of stencils, printing the
poems that you, the fish, left us in legacy one
night.

IV

And that morning/

when/ Heredia sent a love letter to Luisa
Emilia from the Jesús María staircase/*he saw*
/Plácido improvise his "Prayer to God" in
front of Santa Isabel, on his way to the
gallows/*he saw*/ José Jacinto, on the shores of
the San Juan, thought he heard in the river's
murmur Isa's voice
saying she loved him/ *he saw* / Joseito Juai
playing his violin on the top floor of the
Versailles of Matanzas /*he saw*
when/Fredrika Bremer, from La Cumbre, at
the edge of the valley, finished writing her
first letter from Cuba /*he saw*
when /Villaverde heard from Carlota's own
lips that she only loved Pepe/ *he saw*
when /before Belica's funeral procession
Seboruco sang to the day's moon, the sun at
dusk, and the melancholy whir of a car's four
wheels /*he saw*

cuando/ Federico posaba para un fotógrafo en
Monserrate, junto a sus amigos negritos de
Simpson, antes de irse a morir a
Andalucía/*vió*
Aquella mañana cuando/
cuando/ Zequeira, desde el Castillo de San
Severino pudo ver por vez primera un barco
de vapor entrando a la bahía y se ponía el
sombrero para hacerse invisible, todos a
tiempo, con él,
vimos /

V

Trae un tabaco apagado en los labios/*Cintio*.
Trae un álamo rojo/*Eliseo*.
Trae todas las cartas que nunca le enviara a su
madre desde España /*Fina*.
Viene a su lado la baronesa de Brandemburgo
con un libro-caja, un /*libro de humo* /*hijo de
humo*/ en su regazo.

Gastón Baquero pasea en barca por la bahía
de Matanzas.

Matanzas, agosto y 2012

when / Federico posed for a photograph in
Montserrate, beside Simpson's black friends,
before going off to die in Andalusia/*he saw*
That morning when
when /Zequeira, from the San Severino Castle
could see for the first time a steamship
entering the bay and donned his hat to make
himself invisible, all in their time, with him
we saw/

V

He has an unlit cigar between his lips/ *Cintio.*
He brings a red poplar/ *Eliseo.*
She carries all the letters she never sent to her
mother from Spain/ *Fina.*
The Baroness of Brandenburg is at her side
with a box-book, a/*book of smoke* /*child of*
smoke/ on her lap.

On Matanzas Bay Gastón Baquero sails past in
a boat.

Matanzas, August and 2012

ESCRITO SOBRE *EL LIBRO SECRETO DE POMPEYO Y HERCULANO*

Te dibujo los ojos. La punta roma traza la
curva de tu iris, su movimiento inquieto. Me
deslizo a tu oído y logro delinear su cosquilla.
Dibujo tu nariz, entro a sus fosos, delineo su
respiración. Saco tu lengua y la dibujo con
uno, dos, tres golpes… miles. Le doy rojo a
tus labios, dibujo
sus contornos, su desesperación. Entro a tu
boca, a tu garganta. Y sin abrir las llaves
siento que el agua sale. Dibujo esos temblores.
/Los del agua y tu boca.

Dibujo el trazo de la daga por tu cuello. Pongo
pespuntes a lo ancho de tu busto. Dibujo la
dureza de un pezón, la dureza del otro. Trazo
tu axila izquierda y la acuchillo con firmeza.
Acuchillo también tu otra axila. */Gritas.*
Desdibujo la bruma, la maleza, el escozor
/y gritas.

Intento ser equitativo con tus ayes. Dibujarlos
con fidelidad, si ello fuera posible. Pinto tu
ombligo con un punto firme para que no se
apague. Pongo capas y capas sobre tu vientre
y veo que tiembla más, no se endurece
/gritas.

WRITTEN ON *THE SECRET BOOK
OF POMPEY AND HERCULIAN*

I draw your eyes. The Roman point traces the
curve of your iris, its unquiet movement. I
move to your ear and manage to delineate its
sensibility. I draw your nose, enter its orifices,
follow your respiration. I pull your tongue out
and draw it in one, two, three strokes…
thousands. I give your lips a bit of red, trace
their outline, their desperation. I enter your
mouth, your throat. And without opening the
faucet I feel the water rushing out. I draw its
trembling.
/ *That of the water and of your mouth.*

I draw the line of the knife at your neck. I
backtrack the width of your chest. I draw one
nipple's hardness, the other's. I trace your left
underarm and thrust my knife firmly. I knife
your other underarm as well. / *You shriek.*
I erase the haze, the weeds, the pain
/ *and you shriek.*

I try to depict your ayes equally. Draw them
faithfully, if possible. I accentuate your navel
so it won't burn out. I place layers and layers
of paint on your belly and see that it trembles
more, it doesn't harden
/ *and you shriek.*

Un solo trazo recto. Dibujo otro pincel. Y dibujo tus manos, la firmeza de tus manos crispadas. Su resuelta ansia de libertad. Y dibujo un espejo. Olvido toda figuración, rompo el espejo y entro.

/Causa y efecto / Ebullición / Trasunto.

Dibujo los fragmentos, la abstracción, y sin abrir las llaves vuelve a fluir el agua. Dibujo la humedad, la mácula, sus flujos. Dibujo el fin de todo. Devuelvo los pinceles a sus cajas.

/Hasta el próximo cuadro todo suele ser bello, deliciosamente desolador.

A single straight line. I pick another brush.
And I draw your hands, the strength of your
rigid hands. Their resolute desire for freedom.
And I draw a mirror. I forget all that is
figurative, smash the mirror and enter.
/Cause and effect/Boiling /Facsimile.

I draw the fragments, the abstraction, and
without opening the faucet water begins to
flow again. I draw its moisture, its stain, its
fluid. I draw the end of everything. I return
the brushes to their boxes.

/Until the next picture when everything will be
beautiful,
deliciously desolate.

HAMBRE

Casi en los nudos del caballo,
casi en su hora franca,
palpas la estrella en su rodilla
y te dices muy quedo

/ *Ha tocado a mi puerta.*
Me ha mirado y se ha ido
sin darse cuenta de quien soy,
sin saber lo que quiero.

Cuándo el caballo va a mirarte,
a mostrarte sus dientes silenciosos.

Cuándo te va a hospedar en su galope,
en su lomo a pelo suelto
/*piensas*

Cuándo se volverá bestia y codicia
y torcerá su rumbo.
Cuándo abrirán tu boca
los nudos que en su boca se atragantan.
Cuándo te va a mostrar
la perfección de su carrera
el garbo.

HUNGER

Almost in the horse's knots
almost in its final hour
you feel the star in its knee
and whisper to yourself

/ *He knocked on my door.*
He looked at me and departed
not knowing who I am
oblivious to what I want.

When the horse is about to look at you
baring his silent teeth

When he will lift you in his gallop
on his shoulder of flowing hair
/ *you imagine*

When he will become once again
a lustful beast
and alter his route.
When the knots he swallowed
part yours.
When his panache
shows you the perfection
of his race.

Quieres correr al sol con él
y ya en la sombra herida
seducirlo
beber su trote
y a pesar de la veda
comerte ese caballo.

You want to race the sun alongside him

and once in wounded shadow

seduce him

drink his trot

and despite the prohibition

eat that horse.

This book is set in Palatino,
a 20th century font designed by Hermann Zapf
based on the humanist typefaces of the Italian Renaissance and
named for the 16th century Italian master of calligraphy
Giambattista Palatino.